SEGUNDO

L. E. Romaine

SEGUNDO

Título del original: SECOND

L.E. Romaine
Publicado por **The Word for Today**
P.O. Box 8000, Costa Mesa, CA 92628
Derechos Reservados © 1996 por **The Word for Today**
Impreso en Los Estados Unidos de America
ISBN: 0-936728-81-7

Excepto donde es indicado, todas las citas de las Escrituras han sido tomadas de la traducción Bíblica Reina Valera.

E-mail: info@twft.com

CONTENIDO

De Parte De A Causa De Por Medio De

El motivo por el cual escribo este libro

Personal

Otros Podrán, Usted no puede

1. Pastor Asistente...1

2. Los Ingredientes..11

3. La Sombra 25

4. El Pastor 39

PASTOR ASISTENTE

L a definición más apropiada del papel que desempeña el Pastor Asistente es evidente en las relaciones entre Josué y Moisés en el Antiguo Testamento y Timoteo y Pablo en el Nuevo Testamento.

Mas ahora Dios ha colocado los miembros cada uno de ellos en el cuerpo, como Él quiso.
I de Corintios 12:18

En el diccionario, la descripción de un asistente es uno que respalda, apoya y fortalece a otro. Un asistente, por definición, es aquel que sigue en pos de otro. En la iglesia, la tarea del Pastor Asistente consiste en llevar a cabo las tareas que el Pastor Principal no puede completar. Con esto en mente, el Pastor Asistente debe ser un hombre que toma la iniciativa. Un verdadero asistente no debe

1

encontrarse murmurando "Oh, yo no sabía...", "Nadie me dijo nada...", o "Si lo hubiera sabido, habría...", Francamente, estos son pretextos que están a la mano del inepto. Debe *pensar*, debe *observar* y entonces debe *actuar*.

Un emprendedor es alguien que no debe ser dirigido. No es necesario hablarle indirectamente en cuanto a lo que debe o puede hacer. Todo lo contrario, éste es alguien, que por definición, es capaz de iniciar la acción y lanzarse a la obra hasta completarla. Es importante reconocer que una persona emprendedora va a cometer muchos errores. También es importante entender que la única persona que comete errores es aquella que está haciendo algo. Como asistente va a pasarse de la raya. Va a pisar fuera de los confines de su perímetro al servir; también entrará en áreas que no le corresponden, y va a recapacitar y reconocer rápidamente que debe parar y retroceder un poco. Cuando llegue a esta etapa, se dará cuenta de la medida de su orgullo, cuán humilde es y cuán dócil para aprender al encontrarse en una situación embarazosa. Si le han dado tareas específicas, no haga lo mínimo, pero no deje de hacer aun más.

Uno de los engaños más grandes en el ministerio es la idea de tener una descripción de oficio. Un joven Pastor Asistente me comentó, "Puede darme ocho horas de trabajo y se las termino en tres. Después me siento a descansar." Si sabe lo que se espera de usted, hágalo, y *hágalo para el Señor.* No busque halagos o que le digan "bien hecho." Este es el tipo de manipulación que el mundo utiliza para hacer que la persona desempeñe su trabajo.

Mateo 6:5 nos dice:

Y cuando ores no seas como los hipócritas; porque ellos aman el orar en pie en las sinagogas y en las esquinas de las calles, para ser vistos de los hombres; de cierto os digo que ya tienen su recompensa.

Si está buscando felicitaciones o halagos de alguien al servir a Jehová; cuando se los den, esa será su recompensa.

Todos buscan lo suyo, no las cosas que son de Jesucristo. Es raro encontrar a un Pastor Asistente genuino.

En Filipenses 2:19-21, el apóstol Pablo dijo:

Espero en el Señor Jesús enviaros pronto a Timoteo, para que yo también esté de buen ánimo al saber de vuestro estado; pues a ninguno tengo del mismo ánimo, y que tan sinceramente se interese por vosotros. Porque todos buscan lo suyo propio, no lo que es de Cristo Jesús.

¡Que frase! Aun el apóstol Pablo tuvo problemas para encontrar a un buen asistente. Esto no significa que muchos no comienzan bien. La mayoría de Pastores Asistentes son dinámicos por los primeros seis meses. Están listos para cualquier tarea. Llegan temprano y se quedan hasta tarde. A veces, milagro de milagros, se quedan tarde voluntariamente. Se apresuran a cargar paquetes que traen las damas a la iglesia. Sacan los cestos de basura de las oficinas con rapidéz sin darle ninguna importancia. Pero, repito, esto sucede durante los primeros seis meses. Al corto plazo, comienzan a decaer. Empiezan a hacer menos y menos, porque aprenden el sistema. Descubren cómo pueden salirse con la suya, y lo que es permitido o no. En el plazo de siete u ocho meses empiezan a modificar sus agendas de acuerdo a su propia conveniencia. Le piden a la secretaria que llamen y cancelen las citas que puedan causarles inconvenientes. El resultado es que las secretarias son forzadas a escuchar las quejas de personas que contaban con esa cita para ayudarles con serios problemas. Las necesidades de las personas ocupan el último lugar en su lista de prioridades. Lo vergonzoso es que cuando uno indaga acerca de los "ajustes" de horario de algunos de ellos, uno se encuentra con que fueron a arreglar sus equipos de sonido, o tuvieron que llevar a su primo Germán a algún lado y cosas por el estilo, etc.

Han Aprendido el Sistema

¿Comenzaron así? No. ¿Cómo llegaron a tal estado? Porque son perezosos. Es triste decirlo, pero, una vez que prueban el sistema y se dan cuenta hasta dónde pueden salirse con la suya y qué es el mínimo esfuerzo que tienen que poner de su parte, es casi demasiado tarde para rectificar. A menos que sean amenazados con ser removidos de su posición o una rebaja de ingresos nada los hace recapacitar. Hasta la más fuerte corrección es una pérdida de tiempo. Lo único que se recibe de una persona así es un esfuerzo momentáneo. Las cosas cambiarán por dos días o dos semanas, pero volverán a ser igual que antes. No hago esta observación a la ligera. Está basada en años de observar a Pastores Asistentes.

Hay solamente un remedio para esta triste situación. Es sumamente importante que como Pastor Asistente aliente su espíritu en Jehová. Cuando llegue al trabajo, llegue temprano. Lo que encontrará lo sorprenderá. Para poder captar lo que es requerido del Pastor Asistente, hay que permanecer fielmente con una actitud de aceptar intrucción. Un Asistente no, y vuelvo a repetir, NO se impone un horario limitado o de nueve-a-cinco. Algunos pastores tienen la reputación de estar muy ocupados, mas una cercana observación revela que su ocupación es comparar datos e informes de artilugios y aparatos para sus computadoras. Están de haraganes con charlas de beisbol y fútbol mientras que la gente espera a que se les atienda. Pero aparentemente, esto no les molesta porque ya han cumplido su período de seis meses de prueba. Las secretarias (aquellas que son las verdaderas guardias del personal) preguntan si alguien está disponible para ministrar a la persona que acaba de llegar. Desafortunadamente, he presenciado casos en los que cuatro pastores asistentes han estado parados sin hacer nada. Tres de ellos se miran el uno al otro, y posiblemente el cuarto responde, "con gusto". Es difícil comprender este tipo de actitud.

Otro tropiezo común para Pastores Asistentes es el complacer al hombre. Es asombroso observar el intercambio, la charla y el humor festivo que les sobreviene cuando entra el Pastor Principal. No les importa una pizca lo que otros piensen ni aun lo que Dios piense de ellos. Pero, ciertamente, no quieren que el Pastor Principal tenga un mal concepto de ellos. Si uno comenta algo al respecto a cualquiera de ellos, se indignan. De pronto se vuelven puro chiste, locuaces, y se les suelta la lengua. Se avienen a cualquier desvío para encontrar salida de la presión que sienten por su vergüenza. Ciertamente, están avergonzados, y con razón. Alguien les hizo notar que están aquí para servir, no para holgazanear y complacerse el uno al otro. Nadie debería tener que recordarle al Pastor Asistente de sus deberes. En aquel dado momento estos "siervos" se llenan de indignación. ¿Por qué? Mayormente porque se les ha recordado que su puesto se trata de servidumbre y de tomar el último lugar. Pero en su ego y persuación de su propia propaganda en su sumario de "titulillos", han concluido que son personajes excepcionales. Claro que lo niegan, pero lo que *hacen* no sostiene lo que *dicen*.

> *Siervos, obedeced en todo a vuestros amos terrenales, no sirviendo al ojo, como los que quieren agradar a los hombres, sino con corazón sincero, temiendo a Dios. Y todo lo que hagáis, hacedlo de corazón, como para el Señor y no para los hombres; sabiendo que del Señor recibiréis la recompensa de la herencia, porque a Cristo el Señor servís.*
>
> Col. 3:22-24

No hay que ser un genio para descubrir como servir genuinamente. Los teléfonos suenan, hay cestos que sacar, alfombras que aspirar, encender o apagar luces, asegurar las puertas de la iglesia, surtir los baños. Lamentablemente, el parecer en lo general es, "dejen que otro lo haga, o contratemos a alguien para esas ocupaciones serviles." Y de hecho, la sala ya está repleta de "personas contratadas" o "asignadas". Los pastores entonces dejan de ser siervos, más bien se convierten en "asalariados".

> *El ladrón no viene sino para hurtar y matar y destruir; yo he venido para que tengan vida, y para que la tengan en abundancia. Yo soy el buen pastor; el buen pastor su vida da por las ovejas. Mas el asalariado, y que no es el pastor, de quien no son propias las ovejas, ve venir al lobo y deja las ovejas y huye, y el lobo arrebata las ovejas y las dispersa. Así que el asalariado huye, porque es asalariado, y no le importan las ovejas.*
>
> Juan 10:11-13

La gente en el redil son quienes sufren las consecuencias o pagan el flete, inclusive los salarios de los Pastores Asistentes. Esta gente necesita ser servida de la misma manera en la que Jesucristo les sirvió. No se merecen menos de esto.

LOS INGREDIENTES

Consideremos ahora los ingredientes necesarios para la formación del *hombre secundario*. El objetivo del Pastor Asistente es apoyar al Pastor Principal, de todo a todo, en sumisión completa y sin murmuraciones. El Asistente está ahí, presto para tomar órdenes o aun sugerencias afanosamente. Así haya que limpiar retretes, o dar estudios bíblicos, ellos están listos para asistir. ¿A quién debe ayudar el Asistente? A cualquier persona. Un Asistente no tiene "horario". No es miembro de la "Unión de Pastores". El ser Asistente no significa que es usted uña y carne del Pastor. Su deber es retirarse sólo en cuanto haya atendido a todas las necesidades básicas de la iglesia y hasta después de que haya terminado todo lo que requiere atención. Con frecuencia será necesario que salga de la iglesia mucho después de que el Pastor Principal se haya ido a su casa. Su cargo es ser como Timoteo, quien no busca lo suyo propio, sino lo de Jesucristo.

Su deber es estar disponible. A lo que se refiere a la elección de sus siervos, Dios no se limita exclusivamente a cristianos seminaristas o a universitarios. La verdad es que Dios puede usar a personas de distintas formaciones. Por ejemplo, el apóstol Pablo fue un hombre muy culto e instruido, pero Dios lo eligió para que compartiera un mensaje muy sencillo.

El mismo Pablo dijo en I de Corintios 1:17:

> *Pues no me envió Cristo a bautizar, sino a predicar el evangelio; <u>no con sabiduría de palabras</u>, para que no se haga vana la cruz de Cristo.*

Pablo era un hombre docto, pero Dios también eligió a Pedro, quien era un pescador. Es más, Pedro regresó a su oficio mientras que esperaba el poder de lo alto en su vida. Lucas era médico; Juan, un adolescente, pero Dios pudo usar sus distintas formaciones para Su honra y gloria. Todo su pasado, todo lo que ha aprendido, ya sea por medio de su formación o por experiencia propia, y aún a través de influencias u osmosis, Dios lo puede usar. Esto no es motivo de ensancharse. De hecho, Pablo, hablando de los que están en el ministerio, dice que son la *"escoria"* del mundo.

Nos difaman y rogamos; hemos venido a ser hasta ahora como la escoria del mundo, el deshecho de todos.

I de Corintios 4:13

La escoria no es algo de lo cual uno debe ensancharse. Por cierto, es otro término que se usa al referirse al óxido en la bañera. A Dios no le interesa promover el ego de individuos. A Dios solamente le interesa el avance de su reino y el hacer prosperar a Su pueblo.

Dios puede hacer sobrevenir todo tipo de experiencias en nuestras vidas a fin de capacitarnos eficazmente para el ministerio. En mi juventud, el hermano de mi mamá solía llevarme a cazar y pescar. Él me enseñó a respetar la propiedad ajena. Cuando uno cazaba o pescaba en propiedad privada, antes de irse uno recogía su basura. Me enseñó a no molestar el ganado, y a revisar y asegurar el portalón de la propiedad a la salida. En la fuerza militar aprendí el valor del regimiento y la disciplina. La disciplina es un poco flexibe, pero la regimientación significa que uno hace precisamente lo que se le dice, de ninguna otra manera, y además, lo hace enseguida. El método de la regimentación no permite alteración del plan trazado. Aprendí unas lecciones muy difíciles como director novato de la juventud. Fuí tan eficáz que finalmente, la iglesia se vió obligada a despedirme. Pensé que esto era una situación desastrosa, pero en realidad fue el maravilloso conducto que Dios uso para lijar mi ego. Vaya, ¡cómo aprende uno de sus experiencias!

Una de las lecciones más importantes que debe aprender el Pastor Asistente es que la iglesia no lo necesita. Él ha sido elegido por Dios y colocado en su oficio porque ha fracasado.

I de Corintios 1:27-29 nos dice:

Sino que lo necio del mundo escogió Dios, para avergonzar a los sabios; y lo débil del mundo escogió Dios, para avergonzar a lo fuerte; y lo víl del mundo y lo menospreciado escogió Dios, y lo que no es, para deshacer lo que es, a fin de que nadie se jacte en su presencia.

Nadie sirve en el ministerio de Jesucristo porque haya "alcanzado la cumbre espiritual". Es vasija del alfarero. La obra del Espíritu Santo es quebrantarlo y conformarlo a Su imagen y guiarlo por el sendero de nuestro Señor Jesucristo. Su parte es permanecer flexible, disponible y sumiso a cual sea el molde de la vasija que Jehová tiene para usted.

Estudio bajo el liderazgo de un hombre que tiene más de cincuenta años en el ministerio de Cristo, cuya vida refleja disciplina y amor inefable hacia Dios y el libre albedrío. Debido a ello, él les da libertad a los demás para que desempeñen su oficio y desarrollen su ministerio. Él no asigna agenda de trabajo cotidiano. Este asunto de libertinaje es algo muy serio. Es decir, a poco rato uno se da cuenta de que éste concepto de libre albedrio acarrea consigo una tremenda responsabilidad ante Dios.

Sobre todo, a éste hombre le interesa escudriñar la Palabra de Dios y tiene entendimiento de ella. Fuera de esto, no le interesa gran cosa, inclusive la administración y los deberes procedentes que supuestamente tienen

15

que ver con el oficio del Pastor Principal. Si hay algo que contribuye al adelanto del reino de Dios, él lo favorece. Uno puede aprender mucho de semejante maestro.

El que me enseña es Cristo, y a cambio, Cristo usa a mi Pastor Principal para adiestrarme. Como resultado, recibo doble tutela. Por medio de él Dios me enseña Sus estatutos. Aun no los he *alcanzado* como dice Pablo.

Es más, Pablo dice:

No que lo haya alcanzado ya ni que ya sea perfecto; sino que prosigo, por ver si logro asir aquello para lo cual fuí también asido por Cristo Jesús. Hermanos, yo mismo no pretendo haberlo ya alcanzado; pero una cosa hago: olvidando ciertamente lo que queda atrás, y extendiéndome a lo que esta delante, prosigo a la meta, al premio del supremo llamamiento de Dios en Cristo Jesús.

Filipenses 3:12-14.

Esta hambre de crecimiento deber ser el distintivo de cada Pastor Asistente.

La preparación para el ministerio está en la Palabra de Dios. La mayoría de los Pastores y Pastores Asistentes asienten a esto, pero no siempre es verídico en sus vidas personales.

Muchos Pastores Asistentes se han dejado engañar por la mentira que la sencilla preparación de estudios bíblicos es suficiente para afirmarlos en la Palabra de Dios. Este punto crítico de proponerse a la lectura de la Palabra, la Santa Biblia, es absolutmente necesario. Solamente lea la Palabra. No con motivo de "preparar" un estudio bíblico, no para analizar palabras en el griego, no para copiosamente estudiar comentarios bíblicos, pero sencillamente para sentarse decisivamente a leer la Palabra de Dios. Es menester que la leamos así como cualquier otro santo redimido lee el Antiguo y Nuevo Testamento. Solamente léala. Al hacer esto tendrá comunión con Dios. Durante esos momentos sublimes, Él puede hablarle y la maravilla es que usted le puede escuchar. Si está en estado de humildad, estará presto para aprender. Propóngase y establezca su corazón todos los días. Reanime y renueve su espíritu en Él. Si está casado, cuando se levante cada mañana, siéntese con su mujer, Biblia en mano antes que nada, y haga que Efesios 5:25-28 sea el fundamento de su matrimonio.

*Maridos, amad a vuestras mujeres, así como
Cristo amó a la iglesia, y se entregó a sí mismo
por ella, para santificarla, habiéndola
purificado en el lavamiento del agua por la
palabra, a fin de presentarsela a sí mismo una
iglesia gloriosa, que no tuviese mancha ni
arruga ni cosa semejante, Así también los
maridos deben amar a sus mujeres como a sus
mismos cuerpos. El que ama a su mujer, a sí
mismo se ama.*

Efesios 5:25-28

El Espíritu Santo vino al mundo con el fin
de arraigarnos en la Palabra de Dios. También,
vino a consolar, a revestirnos de poder de lo
alto y enseñarnos todas las cosas.

*Mas el Consolador, el Espíritu Santo, a quien el
Padre enviará en mi nombre, él os enseñará
todas las cosas, y os recordará todo lo que yo os
he dicho.*

Juan 14:26

Si se dedica a la lectura de la Palabra de
Dios cada mañana, tendrá comunión con Jehová
su Dios y con Su Hijo Jesucristo. Si persiste en
el entendimiento de Su Palabra con hambre y
sed, el amor de Dios le constriñe y tiene
comunión con Él. Por supuesto, ser un marido,

padre y pastor irreprensible será el resultado instántaneo, porque Dios fortalecerá la integridad de su corazón. Dios dice que Él engrandecerá Su Palabra sobre todas las cosas.

Me postraré hacia tu santo templo, y alabaré tu nombre por tu misericordia y tu fidelidad; Porque has engrandecido tu nombre, y tu palabra sobre todas las cosas.

Salmos 138:2

Si de verdad Él considera Su Palabra en tal alta estima, más aun debemos atribuirle la misma importancia en nuestra vida familiar y personal.

Frecuentemente, le pregunto a los Pastores si suelen leer la Biblia con sus esposas. Me miran como si acabara de llegar de la luna. No obstante, asisten a la iglesia y una vez los feligreses estén reunidos, les instruyen en la Palabra de Dios. Pero, ¿no les parece un comportamiento hipócrita cuando amonestan y estimulan al cuerpo de Cristo a desarrollar un apetito para la Palabra pero ellos mismos no lo hacen en su vida familiar o personal? Yo he escuchado a muchos pastores instar al redíl a escudriñar e instruirse en las Escrituras y amar más a Dios a través del entendimiento de la Palabra. ¿No tiene sentido, pues, hacer lo mismo en lo personal y con su familia? Dios lo ha llamado a ser un siervo responsable en todo.

De acuerdo con lo que dice I de Timoteo 5:8, su deber es suplir las necesidades de su familia, especialmente en lo que se refiere a lo espiritual.

Porque si alguno no provee para los suyos, y mayormente para los de su casa, ha negado la fe, y es peor que un incrédulo.

I de Timotéo 5:8

Usted es la cabeza, pero no un dictador. Estamos obligados a guiar por medio de una vida ejemplar. Este liderazgo no mana sólo con reuniones de oración y estudios bíblicos. Su familia necesita la certidumbre que tienen en su hogar a un hombre de Dios. No solamente a un predicador, o a un pastor, pero a un hombre consagrado a Dios quien sea padre y marido ejemplar. ¡Los frutos procedentes lo dejarán pasmado!

Pedro declara en I de Pedro 5:1–4:

Ruego a los ancianos que están entre vosotros, yo anciano también con ellos, y testigo de los padecimientos de Cristo, que soy también participante de la gloria que será revelada: Apacentad la grey de Dios que está entre vosotros, cuidando de ella, no por fuerza, sino voluntariamente; no por ganancia deshonesta, sino con ánimo pronto; no como teniendo señorío sobre los que están a vuestro cuidado, sino siendo ejemplos de la grey. Y cuando aparezca el Príncipe de los pastores, vosotros recibiréis la corona incorruptible de gloria.

He aquí un considerable número de advertencias que debemos tomar muy seriamente.

He presenciado de antemano experiencias en las que las vidas de Pastores Asistentes han sido completamente destruidas por el dinero. Dos cosas más que pueden llevar al Pastor a la perdición son: el orgullo y las relaciones ilícitas. Mas ten cuidado de no juzgar a los que caen en tentación. Más le vale cuidar sus propios caminos ante Jehová. Su propia vida es suficiente si la está viviendo de acuerdo a Sus estatutos. Si realmente estamos sirviendo a

Dios, no tenemos tiempo para la chismografía, calumnias o difamación. Pero, cuando calumnia y difama el nombre de otro, ¿cómo se justifica de acuerdo con las Escrituras?

Sirva en el ministerio de Cristo, no por obligación (porque alguien lo haya forzado), ni tampoco esté ahí por dinero. Su cometido es estar preparado (disponible) y presto a la voluntad de Dios. Si nuestros corazones están correctos ante Dios, no tomaremos parte con estafadores ni saldremos como rayo pintando llantas en el estacionamiento en cuanto dé la hora de salida.

Así mismo, es importante tener en cuenta I de Pedro 5:3:

No como teniendo señorío sobre los que están a vuestro cuidado, sino siendo ejemplos de la grey.

El libro de Santiago nos dice:

Hermanos míos, no os hagáis maestros muchos de vosotros, sabiendo que recibiremos mayor condenación.

Santiago 3:1

Las normas de Dios en cuanto a nuestro servicio a Él son muy duras, y así es como

22

deben serlo.

No importa dónde se encuentre en la vida, sea frente a donde todo el mundo puede verle, o en la calle donde nadie le conoce; sepa que es usted un ejemplo, estando dispuesto a servir en todo momento. Estas son las cualidades que Dios desea ver en la vida de los ancianos de la iglesia. No se afane por dinero. No procure aumentos. Si está en un aprieto financiero, examine su forma de vivir. Ore con su mujer. Estudie las finanzas de su familia. Entonces, considere el hecho de que está proclamando a otros el saber que Dios pide que depositemos toda nuestra confianza en Él para suplir todas nuestras necesidades conforme a sus riquezas en gloria en Cristo Jesús.

Mi Dios, pues, suplirá todo lo que os falta conforme a sus riquezas en gloria en Cristo Jesús.

Filipenses 4:19

¿Tendrá sentido, pues, que Dios quiere que practique lo que predica? ¡Confíe en Él! Menos de eso sería herejía. Pedro nos advirtió no tener *"señorío sobre los que están a vuestro cuidado"*. No sea altivo. ¿De dónde saca la noción de que ha sido ensalzado sobre los demás? ¿Quién lo ha sentado en el asiento del Justo? Sólo Dios puede juzgar. Él no le ha designado ese oficio. ¿Menospreció Cristo Jesús a otros? ¿Acaso estaba demasiado ocupado para servir? Es menester, pues, que sea semejante a Cristo en ese sentido. Si no tiene tiempo para limpiar el santuario, acomodar sillas o saber dónde se encuentra la escoba, cepillo o zambullidor para el retrete, deme una buena razón por no saberlo.

Hombres muchísimo más ocupados que usted y yo determinan y encuentran tiempo para servir. Mi Pastor, Chuck Smith, acababa de terminar con los tres servicios de un domingo por la mañana. Cierta gente lo buscaba, de manera que a favor de ellos, lo busqué. Lo encontré en el baño de varones, rodeado de agua del orinal, vestido en pleno traje, corbata y zapatos. Uno de los orinales se había derramado y él estaba limpiando el baño. No le tema al trabajo sucio. Ni permita que entre en su pensamiento que su llamamiento es tener señorío sobre los que están a su cuidado. No se dé más importancia de la que tiene. Si se ensancha, Dios tiene formas de desinflar su globo de soberbia. Usted debe ser un ejemplo.

La Sombra

Hay quienes han sido llamados a colaborar en "la sombra" del cuerpo de Cristo. No están en plena vista de todo mundo, mas toman un lugar secundario. Para mantener a la iglesia moviéndose con poder, necesitamos a ambos tipos de siervos de Dios; los que colaboran al frente y en el trasfondo. Aquellos que colaboran en la sombra también producen fruto por el cual recibirán ricas bendiciones en el día de Jesucristo.

En el advenimiento de Jesucristo ellos recibirán su recompensa.

Y cuando aparezca el Príncipe de los pastores, vosotros recibiréis la corona incorruptible de gloria.

I de Pedro 5:4

Así será para los que colaboran en la sombra.

Hay pocos ejemplos de servicio en el trasfondo que superan al de Andrés, quien fue el que trajo a Pedro a Jesús.

Este halló primero a su hermano Simón, y le dijo: Hemos hallado al Mesías (que traducido es, el Cristo). Y le trajo a Jesús. Y mirándole Jesús, dijo: Tú eres Simón, hijo de Jonás; tú serás llamado Cefas (que significa, Pedro).

Juan 1:41, 42

Después de ésta introducción, se escucha más de Pedro que de Andrés. Pero, ¿qué lugar tiene Andrés ante los ojos y el corazón de nuestro Señor?

Había una vez en el Monte Vernon de Washington un maestro de Escuela Dominical que se sentía agobiado por el alma de un jóven en su clase. Ese joven se llamaba Dwight Moody. Todos sabemos cuán maravillosamente Dios ha usado a Moody. Pero, ¿quién fue el maestro de la Escuela Dominical y qué lugar tiene preparado Cristo para él en el reino de Dios?

Bernabé apoyó a Pablo y verificó sus palabras ante circunstancias de temeridad y

26

aversión.

Entonces Bernabe, tomándole, lo trajo a los apóstoles, y les contó cómo Saulo había visto en el camino al Señor, el cual le había hablado, y cómo en Damasco había hablado valerosamente en el nombre de Jesús.

Hechos 9:27

El enfoque del Libro de los Hechos de los Apóstoles está sobre la vida de Pablo, pero, ¿quién fue el que le abrió el paso a Pablo? ¿Quién predicó el mensaje que conmovió el corazón de Charles Spurgeon?

Ambas ofrendas de servicio, ya sea a plena vista del público o en la sombra, reciben bendición del mismo Señor.

Un día, el orador, Charles Spurgeon estaba en un embotellamiento de tránsito y demoraba su llegada a una catedral repleta de oyentes. Los dirigentes de la reunión le pidieron al padre de Spurgeon que diera el discurso en lugar de su hijo. Cuando Charles Spurgeon llegó, su padre le entregó el púlpito, pero no antes de decir, "Ustedes vinieron a escuchar a mi hijo, no a mí. Por cierto, les diré que él puede predicar el evangelio mejor que yo. Sin embargo, él no tiene mejor evangelio que entregarles que yo."

27

El padre de Spurgeon tenía una íntima convicción de su estima ante los ojos de Dios. Pero, aún más importante, él comprendía que el Evangelio de Jesucristo tiene mayor importancia que la persona que lo comparte.

Dios desea que nos ocupemos en el negocio de traer a otros al conocimiento del Señor. Ambos, el que viene a Cristo así como el que lo trae, son almas preciosas ante Él. Estos son unos ejemplos de la colaboración en la sombra. Existe un fruto único, especial, que sólo es producido en la sombra. El contínuo y sobreabundante gozo que viene de poner en orden los artículos fuera de su lugar y el colaborar en el trasfondo producen un fruto precioso para Jesús. Y si Dios nunca lo mueve al frente, recibirá aun más bendiciones inefables. Gócese en el hecho que Dios le ha permitido este lugar en Su reino.

En I de Corintios 12:22–23 la Biblia dice:

Antes bien los miembros del cuerpo que parecen más débiles, son los más necesarios; y a aquellos del cuerpo que nos parecen menos dignos, a éstos vestimos más dignamente: y los que en nosotros son menos decorosos, se tratan con más decoro.

Un Pastor Asistente con integridad comprende que los ministerios más insignificantes son necesarios. El Pastor Asistente que limpia baños inundados sin hacer alarde o espectáculo, es precioso en los ojos Dios.

Haga un contraste de éstas palabras con aquellos que se sienten cómodos y satisfechos en su posición. En el Libro de Malaquías nuestro Señor habla en las últimas páginas del Antiguo Testamento. Qué ironía e ilustración conmovedora que nuestro Señor dedicara Su tiempo para corregir a los sacerdotes (o Pastores) que están en la Casa de Jehová.

En Malaquías 1:6 leémos:

El hijo honra al padre, y el siervo a su señor. Si, pues, soy yo Padre, ¿dónde está mi honra? Y si soy Señor, ¿dónde está mi temor? Dice Jehová de los ejércitos a vosotros, o sacerdotes, que menospreciáis Mi nombre. Y decís: ¿En qué hemos menospreciado Tu nombre?

La actitud arrogante que es manifestada en éste versículo sólo viene de aquel que confía en que su posición está segura o en un salario.

En el capítulo 1, versículo 7 del mismo libro, Dios responde a las preguntas necias de éstos con éstas palabras:

29

En que ofrecéis sobre mi altar pan inmundo. Y dijísteis: ¿En qué te hemos deshonrado? ¿En qué pensáis que la mesa de Jehová es despreciable?

A éstos "siervos" no les interesaban más las ofrendas hacia Dios.

No les importaba lo que le agradara o no a Dios. Rechazaban todo tipo de amonestaciones, aun las que procedieran de Dios. ¡Qué estado tan patético! Empero, Dios declara la veracidad de ello, y lamentablemente, si actuaron con desdeno en los días de Malaquías, los siervos de Dios también pueden hacer lo mismo hoy en día.

El carácter de los que sirven a Dios no cambia. Sirven a Dios de acuerdo a Sus estatutos y cumplen con su cometido a Él. Anhelan ser fortalecidos, conservados y llenados del Espíritu Santo por Dios, capacitándolos enteramente para servirle con poder de lo alto. No es nada que proviene de ellos. Sin embargo, hoy en día, al igual que en los días de Malaquías, no hay esa mortificación, esa hambre de servirle íntegramente. El más mínimo esfuerzo que ponemos en servicio para Él se convierte en una tarea fastidiosa y despreciable. Sin embargo, consideremos, que los pecados más viles comiezan con el alejamiento sutil de los estatutos de Dios.

En el versículo 8 del mismo capítulo el Señor dice:

Y cuando ofrecéis el animal ciego para el sacrificio, no es malo? Asimismo cuando ofrecéis el cojo o enfermo, ¿no es malo? Preséntalo, pues, a tu príncipe; ¿acaso se agradará de tí, o le serás acepto? dice Jehová de los ejércitos.

Los sacerdotes permitían "ofrendas de segunda" o mejor dicho, ofrendas con defecto en la casa de Jehová porque se preocupaban más por la alta estima de los hombres que por Dios.

Dios les dice en el versículo 9:

Ahora, pues, orad por el favor de Dios, para que tenga piedad de nosotros. Pero ¿cómo podéis agradarle, si hacéis estas cosas? dice Jehová de los ejércitos.

Servir al pueblo de Dios en nombre de Jesús es un gran privilegio. ¿Comparte este mismo concepto, o acaso también su servicio a Él se ha convertido en una carga u obligación? Sí, éstas palabras son duras, pero Dios será mucho más severo a su debido tiempo.

Vea el versículo 10:

¿Quién también hay de vosotros que cierre las puertas o alumbre mi altar de balde? Yo no tengo complacencia en vosotros, dice Jehová de los ejércitos, ni de vuestra mano aceptaré ofrenda.

El servicio a Dios no es idea del hombre mortal, ni tampoco es un mensaje negativo por el gusto de serlo. No se trata de asuntos superficiales. Jehová Dios es quien habla aquí a los que supuestamente son Sus siervos y tienen en sus manos el encargo de guiar al pueblo de Dios por ejemplo propio.

Repito, lea la referencia. Dios nos esta diciendo que a menos que sea asalariado, "¿quién hay de vosotros que cierre las puertas del templo?" Una vez más estamos tentados a ser "asalariados", sirviendo a Dios por ganancia. Un hombre mucho más sabio que yo me hizo ver que la prosperidad en el ministerio ha causado la ruina de muchos siervos. En proporción con las bendiciones de Dios, comienzan a mejorar su nivel de vida. Pierden el sentido de moderación y la hermandad con las ovejas, porque viven en un estatus más alto que el del redil. Por consecuencia, el ministerio de Cristo sufre porque éstos Pastores tienen otros intereses seculares y materiales. Esto es muy triste. Dios dice, "Ya no te interesa lo que está frente a Mí." En efecto Dios dice, "Eres Pastor asalariado." Sus deberes están asignados y hace sólo lo requerido. No empezó por ese camino, pero ahora se encuentra en él. Si comenzó en ese 'primer amor' a servir al Señor, ¿cómo fue que de repente se convirtió en un simple asalariado? ¿Habría usted dicho en algún momento, "Esto no es parte de mi ministerio", cuando consagró su vida en servicio a su Señor? No llegó a esta coyuntura de noche a la mañana. Se deslizó día con día. Comenzó a exigir menos y menos de usted mismo. Es obvio. Lo he experimentado en mi propia vida. Con la certidumbre en la que veo éstas escrituras, así también veo mi vida. Mi deber es juzgar mi propio desempeño. ¿Es aceptable ante Dios? ¿A quién deseo complacer? ¿Deseo agradar a alguien más que a Dios?

¿Se ha convertido en un refrán cotidiano el decir que ciertamente agradamos a Dios? ¿Justificamos nuestra falta de servir a Jehová con declaraciones como: "Bueno, hermano, usted no sabe cuanto tiempo dedico a mis estudios," o "Me está juzgando" o cualquier otro pretexto? Enseguida, exige menos de usted mismo hacia su Salvador y es una historia trágica. Dios dice que en tal instante Su nombre es burlado. En Malaquías Él declara, "Mi nombre se venera más entre los impíos."

En el Capítulo 2 Jehová Dios tiene palabras mordaces para los siervos en su iglesia.

> *Ahora, pues, oh sacerdotes, para vosotros es este mandamiento. Si no oyereis, y si no decidís de corazón dar gloria a mi nombre, ha dicho Jehová de los ejércitos, enviaré maldición sobre vosotros, y maldeciré vuestras bendiciones; y aun las he maldecido, porque no os habéis decidido de corazón. Porque los labios del sacerdote han de guardar la sabiduría, y de su boca el pueblo buscará la ley; porque mensajero es de Jehová de los ejércitos; enviaré maldición sobre vosotros, y maldeciré vuestras bendiciones; y aun las he maldecido, porque no os habéis decidido de corazón. He aquí, yo os dañaré la sementera y os echaré al rostro el estiércol, el estiércol de vuestros animales sacrificados, y seréis arrojados juntamente con él.*
>
> Malaquías 2:1-3

No deshonre a Jehová con ideas vanas y engañosas de que sólo porque colabora con una iglesia que Dios prospera puede ya con eso descansar complacientemente. Esa fue la ruina de estos sacerdotes. Estaban seguros en el mal concepto que por el hecho de ser sacerdotes, indudablemente Dios los recibiría. Pensaron que porque los hombres los ensalsaban, por supuesto, eran aceptos ante Dios.

Sea prudente y no le preste mucha atención al título de "Pastor". Un Pastor es aquel que tiene a su cargo el cuidado de las ovejas tal como Dios lo dirige.

Porque los labios del sacerdote han de guardar la sabiduría, y de su boca el pueblo buscará la ley; porque mensajero es de Jehová de los ejércitos.

Malaquías 2:7

La manera en que servimos a Jehová no debe cambiar simplemente porque Su obra está prosperando. Si su corazón esta bien establecido ante Dios, tendrá buena disposición para atender a todas las ovejas y hacer sus diligencias con caridad y regocijo. Por supuesto que corporalmente tenemos nuestro límite en lo que se refiere al número de personas que podemos atender en un día. Pero siempre debemos mantenernos dispuestos a servir cuando el Señor nos presenta la oportunidad.

En Hechos 2:46-47, se nos dice que la iglesia prosperaba por el partimiento de pan y la comunión de los redimidos. Dios añadía cada día a la iglesia los que habían de ser salvos.

Y perseverando unánimes cada día en el templo, y partiendo el pan en las casas, comían juntos con alegría y sencillez de corazón, alabando a Dios, y teniendo favor con todo el pueblo. Y el Señor añadía cada día a la iglesia los que habían de ser salvos.

Hechos 2:46-48

Es importante notar que Dios es quien añadía a la iglesia los que habían de ser salvos. Dios es quien añade a la iglesia. Nosotros no podemos robarle a Dios el crédito por las almas que Él añade, porque al que lo hace Dios lo puede remover el día de mañana. Él decide si la obra ha de continuar. Él añade a Su obra, por tanto el crecimiento de Su iglesia no depende de nosotros, nunca ha sido así y nunca lo será. Cuando entendemos este principio, estamos obligados a examinar nuestro corazón ante Dios. Esto es lo que Dios quiere que hagamos.

Hebreos 4:13 dice:

Y no hay cosa creada que no sea manifiesta en Su presencia; antes bien todas las cosas están desnudas y abiertas a los ojos de aquel a quien tenemos que dar cuenta.

La actitud con que usted sirve al Señor como Asistente está manifiesta en su presencia.

Salmo 139:2 nos dice:

Tú has conocido mi sentarme y mi levanterme; has entendido desde lejos mis pensamientos.

Además, Él sabe si le sirve excelentemente o con desdén, si su servicio es de corazón o si es por interés en la nómina, o para tener el aprecio y las adulaciones de los hombres. ¡Léalo de nuevo! Vuelva al pasaje y lea lo que dice. Estas cosas han sido escritas para su beneficio. Dios ha dicho que la iglesia está compuesta de personas redimidas por el derramamiento de la sangre del Cordero de Dios.

Por tanto, mirad por vosotros, y por todo el rebaño en que el Espíritu Santo os ha puesto por obispos, para apacentar la iglesia del Señor, la cual el ganó por su propia sangre.

Hechos 20:28

En Malaquías 2:7, éste incleíble profeta de Dios dice que *"Los labios del sacerdote han de guardar la sabiduría."* Esto significa que él ha de proclamar la Palabra de Dios como Su representante. Nuestra conducta debe reflejar nuestro mensaje. Pero, sobre todo, usted labora bajo el amparo y la misericordia del Padre bondadoso quien le da el aliento para vivir día con día.

Al escudriñar esta porción de Malaquías, debemos aprender de las palabras de nuestro Señor y del Padre de nuestro Salvador. Después de éstas amonestaciones a Su pueblo, Dios no volvió a hablarles durante casi 400 años. Es menester, pues, ser sobrios en espíritu de acuerdo con las exhortaciones que Él ha dado a sus siervos quien colaboran en la Casa de Jehová.

EL PASTOR

Honre su posoción
I de Corintios 4:15

*Porque aunque tengáis diez mil años en Cristo,
no tendréis muchos padres; pues en Cristo Jesús
yo os engendré por medio del evangelio.*

Debe honrar el oficio del Pastor Principal, a quien Dios ha asignado para ello. Las Escrituras nos dictan que el motivo por el cual debe honrar su posición es porque Dios lo ha ungido para la salvación de almas y porque es mensajero de Jehová de los ejércitos.

Honre sus obras
I de Tesalonicenses 5:12-13

*Os rogamos, hermanos, que reconozcáis a los
que trabajan entre vosotros, y os presiden en el*

*Señor, y os amonestan; y que los tengáis en
mucha estima y amor por causa de su obra,
Tened paz entre vosotros.*

Hónrele con su apoyo
I de Timoteo 5:19

*Contra un anciano no admitas acusación sino
con dos o tres testigos.*

Ha de justificar su posición y poner fin a
toda crítica injusta. No ha de soportar ataques
indebidos. Esto significa que apoya y toma
parte con los difamadores si no procura
exhortarlos o poner un alto a críticas no
justifcadas acerca del Pastor. Cuando permite
calumnias y no la refrena, es partícipe con los
disputadores quienes son hurtadores del
ministerio y de la reputación del Pastor.

Un ejemplo de lo que le sucede al que elige
amonestar al ungido de Dios se encuentra en las
Escrituras (Números 12:1-10). Dios relató la
historia de cuando Aarón y María determinaron
encontrar falta en Moisés. La respuesta de Dios
fue golpear a María con lepra, y ya se puede
imaginar el susto que se llevó Aarón.

Honre su doctrina
II de Corintios 6:3

No damos a nadie ninguna ocasión de tropiezo,
para que nuestro ministerio no sea vituperado.

Debe honrar la doctrina del Pastor. Los desacuerdos son un reproche para el ministerio. Las divisiones sin arrepentimiento cultivan resentimiento. Un mismo sentir y una sola doctrina resulta en que el redil se establezca firmemente, por tanto Jesucristo recibe la honra.

Hónrele con sus Palabras y con sus Obras
I de Pedro 2:18-20

Criados, estad sujetos con todo respeto
a vuestros amos; no solamente a los buenos y
afables, sino también a los difíciles de soportar.
Porque esto merece aprobación, si alguno a
causa de la conciencia delante de Dios, sufre
molestias padeciendo injustamente.
Pues qué gloria es, si pecando sóis abofeteados,
y lo soportáis? Mas si haciendo lo bueno sufrís,
y lo soportáis, esto ciertamente es aprobado
delante de Dios.

Otros Podrán, Usted No Puede

G. D. Watson, 1845-1924, era un Ministro Metodista Wesleyano y evangelista basado en Los Angeles, California. Sus campañas evangelísticas lo llevaron a Inglaterra, Las Antillas, Nueva Zelanda, Australia, Japón, y Koréa. También escribió varios libros. Este artículo fue publicado originalmente en panfleto.

Si Dios le ha llamado a ser realmente como Jesús, Él lo llevará a una vida de crucifixión y humildad, y le pondrá tales demandas de obediencia, que no podrá seguir a otra gente, o compararse a otros cristianos, y en muchas formas parecerá que Él está permitiendo que otras personas hagan cosas que no le permitirá hacer a usted.

Otros cristianos y ministros que aparentemente son muy religiosos y útiles intentarán meterse, usar sus influencias, y tramar intrigas para llevar a cabo sus planes, pero usted no puede hacer eso, y si lo intenta se encontrará con tal fracaso y reprimenda de parte del Señor que le causará un muy doloroso arrepentimiento.

Otros podrán hacer alarde de sí mismos, de

sus logros, del éxito de sus obras literarias, pero el Espíritu Santo no le permitirá hacer eso, y si empieza, Él lo llevará a una mortificación profunda que le causará repudia de sí mismo y de sus buenas obras.

A otros se les permitirá prosperar económicamente, u obtener una herencia, mas es muy posible que Dios lo mantenga pobre, porque quiere que tenga algo mucho mejor que el oro, por ejemplo, una dependencia total en Él, para que Él tenga el privilegio de suplir todas sus necesidades día a día de una tesorería inadvertida.

El Señor puede permitir que otros sean honorados y promovidos, y dejarlo a usted escondido en la oscuridad, porque quiere que produzca fruto especial y fragante para Su gloria, que únicamente puede ser producido en la sombra. Puede dejar que otros sean grandiosos, mientras que usted permanece pequeño. Permitirá que otros tengan el crédito por Sus obras, pero dejará que usted trabaje sin que nadie sepa cuánto está aportando; y entonces para hacer sus obras aún más preciosas, permitirá que otros tengan el crédito de su trabajo, así aumentando su recompensa diez veces más cuando Jesús regrese.

El Espíritu Santo le observará muy estrictamente, con un amor celoso, y le reprenderá por pequeñas palabras o sentimientos, o por perder su tiempo, por lo cual otros cristianos no parecen preocuparse. Acepte que Dios es Soberano e Infinito, y tiene el derecho de hacer con los Suyos lo que Él quiera.

Tal vez Él no le explicará miles de situaciones que confundirán su razonamiento en Sus tratos con usted. Pero si usted se entrega absolutamente a ser Su ... esclavo, Él lo envolverá en Su celoso amor, y le colmará de bendiciones que solamente vienen a aquellos que están en Su círculo.

Decídase, pues, que debe tratar únicamente con el Espíritu Santo, y que Él es el que ha de tener el privilegio de atarle la lengua, o encadenarle la mano, o cerrar sus ojos, en formas que no suele hacerlo con otros. Ahora, al estar poseido por el Dios Viviente, en lo secreto de su corazón, estará satisfecho y contento de tener esta forma particular, peculiar, privada y celosa del manejo y cuidado del Espíritu Santo sobre su vida, habrá encontrado el vestíbulo del Cielo.

EL MOTIVO POR EL CUAL ESCRIBO ESTE LIBRO

Mi esperanza al escribir este libro es el sacudir la conciencia de aquellos novatos en el ministerio de Cristo por medio de algún comentario e impulsar vigorosamente a quienes descansan en sus laureles, a fin de despertar su entendimiento a la realidad de cuán enriquecidos están en Cristo. Este libro duró algunos diez años en la etapa de meditación, nueve de estos fueron de pura decidia.

Un día una dama esperó hasta después de un estudio bíblico para hablar conmigo, y simplemente dijo, "Usted tiene un libro dentro de sí." ¿Mi reacción? Me quedé pasmado. Nadie, y hago hincapié en que nadie en lo absoluto sabía acerca del tiempo que demoré contemplando si debería o no escribir un libro para Pastores Asistentes. Después de esta conversación, parecía estar constantemente bombardeado por personas del mismo parecer compartiendo cosas similares. Comentaban acerca de la necesidad de ampliar y desarrollar a fondo este tema por escrito.

En una de estas ocasiones un joven me siguió mientras yo aseguraba las puertas de la iglesia. Era nochebuena, como a eso de la una de la madrugada, y aun así no se retiraba hasta hacerme saber lo necesario que era el escribir un libro de esta índole. Llegué a la conclusión que era imperativo que alguien abordara el tema tocante a los errores más comunes que tienen que ver con las acciones, deberes, pensamientos, y responsabilidades de un Pastor Asistente. Habiendo sido yo Pastor Asistente por más de 40 años, he tenido la oportunidad de observar detenidamente a una vasta cantidad de Pastores Asistentes, por lo cual he comenzado a ver hendiduras y grietas en el vestuario de la armadura de servicio.

Entiendan que la intención de este libro no es para servir de manual. Es simplemente una recopilación de observaciones por personas de la congregación, por pastores, por otros asistentes pastorales, por los incrédulos, pero sobre todo, por el hombre que se destaca entre tres hombres ejemplares en mi vida, mi pastor, Chuck Smith.

PERSONAL

I de Pedro 1:12-15

*A éstos se les reveló que no para sí
mismos, sino para nosotros, administra-
ban las cosas que ahora os son anun-
ciadas por los que os han predicado el
evangelio por el Espíritu Santo enviado
del cielo; cosas en la cuales anhelan
mirar los ángeles. Por tanto, ceñid los
lomos de vuestro entendimiento, sed
sobrios, y esperad por completo en la
gracia que se os traerá cuando
Jesucristo sea manifestado. Como hijos
obedientes, no os conforméis a los
deseos que antes teníais estando en
vuestra ignorancia sino, como aquel
que os llamó es santo, sed también
vosotros santos en toda vuestra
manera de vivir.*

Los pasajes citados arriba son la base de
éstas páginas, y el motivo por el cual he escrito
estos apuntes.

I de Pedro 1:2, 4-8

... elegidos según la presciencia de Dios Padre en santificación del Espíritu, para obedecer y ser rociados con la sangre de Jesucristo: Gracia y paz os sean multiplicadas. ... para una herencia incorruptible, incontaminada en inmarcesible, reservada en los cielos para vosotros que sois guardados por el poder de Dios mediante la fe, para alcanzar la salvación que está preparada para ser manifestada en el tiempo postrero. En lo cual vosotros os alegráis, aunque ahora por un poco de tiempo, si es necesario, tengáis que ser afligidos en diversas pruebas, para que sometida a prueba vuestra fe, mucho más preciosa que el oro, el cual aunque perecedero se prueba con fuego, sea hallada en alabanza, gloria y honra cuando sea manifestado Jesucristo; a quien amáis sin haberle visto, en quien creyendo, aunque ahora no lo veáis, os alegráis con gozo inefable y glorioso

No se desanime. Pedro falló en su intento de caminar sobre el agua, en el jardín y en la crucificción.

Escuche a este hombre. Ahora él entiende quién es él y cual es su destino. Ahora habla de regocijo y de tribulaciones. Su destino es el hablar de amor. ¿Cómo es posible éste cambio? Es posible porque su renovación es el resultado de que ha sido rociado con la sangre de Jesucristo como lo dice en el versículo 2. Por eso puede regocijarse. Por eso ha cambiado. Él puede olvidar sus fracasos porque sabe quién es y cuán precioso y costoso el precio que su Salvador pagó por él. Y lo mismo se aplica a usted.

Salmos 71:7-9, 18

Como prodigio he sido a muchos, Y tú mi refugio fuerte. Sea llena mi boca de tu alabanza, De tu gloria todo el día. No me deseches en el tiempo de la vejez; Cuando mi fuerza se acabare, no me desampares. Aun en la vejez y las canas, oh Dios mío, no me desampares, Hasta que anuncie tu poder a la posteridad, Y tu potencia a todos los que han de venir